EXPLORA TEXAS



# La gastronomía texana

Sandra Colmenares

ROSEN en ESPAÑOL
Nueva York

## TEKS for Spanish

### La gastronomía texana (Gastronomy of Texas)

In this book, the reader will explore how people from various groups contribute to our national identity. He or she will also learn how actions taken by people to expand economic opportunities and political rights, including those for racial, ethnic, and religious minorities as well as women, have shaped our society. This book will help the reader explore how cultures change and maintain continuity.

Published in 2017 by The Rosen Publishing Group
29 East 21st Street, New York NY 10010

La gastronomía texana (Gastronomy of Texas)



**Rosen en Español**
Nathalie Beullens-Maoui, **Director, World Languages**
Sandra Colmenares, **Author**
R Studio T, **Designers**

**Library of Congress Cataloging-in-Publication Data**
Names: Colmenares, Sandra.
Title: La gastronomía texana / Sandra Colmenares.
Description: New York : Rosen Publishing, 2017. |
Series: Explora Texas | Includes index.
Identifiers: ISBN 9781538380086 (pbk.) |
ISBN 9781508176114 (library bound)
Subjects: LCSH: Cooking, American--Southwestern style--Juvenile literature. | Cooking--Texas--Juvenile literature.
Classification: LCC TX715.2.S69 C65 2017 |
DDC 641.5979--dc23

**Photo Credits**
On the cover: TriciaDaniel/thinkstock.com; p. 4 Kudin/shutterstock.com; pp. 4–5 Tricia Daniel/shutterstock.com; p. 5 (top) John Copland/shutterstock.com, (bottom) bonchan/shutterstock.com; p. 6 BW Folsom/shutterstock.com; p. 7 bonchan/shutterstock.com (top), evantravels/shutterstock.com (center), msheldrake/shutterstock.com (bottom); p. 8 Ezume Images/shutterstock.com; pp. 8–9 Tatiana Bralnina/shutterstock.com; p. 9 EQRoy/shutterstock.com; p. 10 Dane Sigua/Moment/Getty Images (top), Allan Grant/The LIFE Picture Collection/Getty Images (bottom); p. 11 Donovan Reese Photography/Moment Mobile/Getty Images (top), gmnicholas/E+/Getty Images (bottom); p. 12 Ingrid Balabanova/shutterstock.com (top), ehrlif/shutterstock.com (bottom); p. 13 Maria Dryfhout/shutterstock.com (left), Melnikov Sergey/shutterstock.com (right); p. 14 holbox/shutterstock.com (top), Skyprayer2005/shutterstock.com (bottom); p. 15 Aspen Photo/shutterstock.com (left), bonchan/shutterstock.com (right); p. 16 T photography/shutterstock.com; p. 17 PhotoQuest/Archive Photos/Getty Images (top), Brent Hofacker/shutterstock.com (center), 10 FACE/shutterstock.com (bottom); p. 18 Victoria Field/shutterstock.com (top right), MSPhotographic/shutterstock.com (bottom left), gresei/shutterstock.com (bottom right); p. 19 veou/shutterstock.com (top), Jiri Vaclavek/shutterstock.com (bottom); p. 20 Bloomberg/Getty Images (top), Bloomberg/Getty Images (bottom); p. 21 f11photo/shutterstock.com (top), Bravo/NBCUniversal/Getty Images (bottom); p. 22 Rick Kern/WireImage/Getty Images (left), ESB Professional/shutterstock.com (right).

# Contenido

# Sabores multiculturales texanos

La comida texana es el resultado de la integración de los sabores de varias culturas presentes en el estado. Su gastronomía se compone de la herencia de su pasado histórico mezclada con su presente y su situación geográfica.

En las largas **jornadas** de trabajo, típicas de los ranchos texanos, los vaqueros pueden pasar varios días a campo abierto. La cacerola es un instrumento esencial para preparar sus alimentos.

La barbacoa texana incluye todo tipo de carnes, fuego lento y sobre todo el humo del fuego de leña o carbón.

## Y algo más...

**La cacerola es una olla de hierro multiuso. Su historia se remonta a los primeros colonizadores de la región y aún es la favorita de los montañistas, excursionistas y vaqueros. ¡En ella se puede cocinar de todo!**

En Texas, las tradiciones **culinarias** de la cultura local se combinan con la de otras culturas como, por ejemplo, la mexicana, cajún, alemana, vietnamita, checa, árabe, española, etc.

Cada región del estado tiene sus propios gustos culinarios que la caracterizan. Por ejemplo, el oeste de Texas es famoso por su gusto por la carne y la preparación en la **barbacoa.** La región central refleja la influencia culinaria alemana en su gusto por la salchicha y la carne **ahumada.** La región del golfo se caracteriza por su **sazón** de influencia cajún proveniente de Nueva Orleans.

## ¡Qué interesante!

**El fruto del cactus nopal, conocido como tuna, higo chumbo o simplemente fruto del nopal, se come fresco o se usa para preparar mermelada, jalea o en almíbar.**

## Vocabulario

**ahumada** que se cocina con humo.

**barbacoa** parrilla sobre la cual se ponen alimentos para cocinar al aire libre.

**culinaria** relacionada con la cocina.

**jornadas** días.

**sazón** sabor de los alimentos cocinados de cierta manera.

## EN BREVE

**Las tortillas con salsa son el aperitivo oficial del estado desde 2003. La tortilla es de origen maya y la salsa de origen español. Desde sus orígenes, este aperitivo forma parte de la tradición culinaria texana.**

# Influencia cajún

La cultura cajún tiene su origen en el estado de Luisiana. Es el resultado de un largo proceso de mezclas entre franceses europeos y canadienses, afroamericanos, españoles y alemanes.

A finales del siglo XIX, llegan los primeros cajunes a trabajar y a vivir en la región sureste de Texas.

Dicen que el cajún vive para comer. Y es que su cocina se caracteriza por un **deleite** de condimentos que agregan con especias **aromáticas** y variadas. Saben aprovechar y conocen muy bien los recursos naturales de la región.

La combinación típica de especias de la comida cajún incluye: sal, ajo y cebolla en polvo, pimiento molido (paprika), pimienta negra, pimienta de cayena, orégano y tomillo.

## Platos típicos

La característica principal de la comida cajún es el fuerte sabor de sus especias, que combinan con los alimentos. Otra característica es darles un tono exterior **ennegrecido** a las carnes y pescados. Entre los platos típicos se encuentran el gumbo, el cangrejo de río y el yambalaya.

El gumbo es una sopa espesa de mariscos (camarones, moluscos) o aves (pollo, pato o codorniz), tomates, quingombó, especias y pimientos.

El condimento típico cajún combina diferentes especias molidas y le da el gusto singular a estas comidas.

**EN BREVE**

Para dar **espesor** a los **guisos** y sopas, le agregan *roux*, una mezcla de grasa (mantequilla o aceite) y harina. Se cocina antes de agregar.

El cangrejo de río abunda en la región y forma parte de los platos típicos cajún.

## Vocabulario

**aromáticas** de olor muy agradable.

**deleite** que hace sentir bien y animado.

**ennegrecido** ponerse oscuro o negro.

**espesor** darle densidad a un líquido.

**guisos** salsa cocida con carne, pescado o vegetales y especias.

El cangrejo de río es una pequeña langosta que habita en los riachuelos y pozos de agua dulce. Lo cocinan al vapor o a la plancha con las especias típicas.

La yambalaya es una adaptación cajún de la paella española con los ingredientes de la región. El arroz blanco es también un componente principal que acompaña sus comidas, sobre todo los guisos.

## Y algo más…

**El *andouille* es una salchicha de cerdo y ajo. Se cocina ahumada sobre madera de pacano, de donde sale la nuez de pacana, y palos de caña de azúcar. Se lo agregan al yambalaya o a los guisos.**

El arroz yambalaya combina varias clases de ingredientes marinos y terrestres como pollo, camarones y *andouille*.

# Cocina Tex-Mex

La cocina que hoy conocemos como Tex-Mex tiene sus **raíces** en la colonia de Nueva España, de la combinación de la cocina española y la cocina indígena de los pueblos de la región. Cuando Texas se convierte en estado, la cultura culinaria anglo de los rancheros, ganaderos y vaqueros se integra a la existente. Desde 1970, se hace la distinción entre el Tex-Mex y la típica mexicana. Porque, aunque se parecen, son distintas.

La chimichanga es un burrito frito con salsas. Se acompaña de frijoles, arroz, guacamole y crema.

### ¡Qué interesante!

**Muchos opinan que la cocina Tex-Mex se distingue por mezclar en su comida queso amarillo derretido, tortillas de harina, en vez de maíz, carne, frijoles rojos, tomate, y condimento de chiles.**

## Fajitas

Las fajitas se originan de las **labores** del campo ganadero con los vaqueros, en el sur y el oeste de Texas. Consiste principalmente en una tortilla de harina con carne de res asada en barbacoa o a la plancha, en pedazos.
Se le acompaña con vegetales, pimientos y salsas al gusto.

## Chimichanga

La chimichanga es un burrito frito. Puede estar relleno de carne, frijoles, vegetales, queso y arroz. Luego, lo sirven con salsa, guacamole o frijoles de **acompañamiento.**

La fajita es una comida que se arma con los ingredientes al momento de comérsela, a tu propio gusto.

## Vocabulario

**acompañamiento** que acompaña o va junto con.

**comida rápida** comida que está lista pronto.

**delicia** que tiene muy buen sabor.

**labores** trabajos.

**raíces** orígenes.

## Y algo más...

**En 1900, Willie Gebhardt, inmigrante alemán, integra por primera vez su condimento a la tradición Tex-Mex, el *Gabhardt Eagle,* de chiles molidos y otras especias como comino, orégano y pimienta negra.**

### Nachos

Los nachos son tortillas de maíz triangulares y cubiertas con queso fundido, crema, chiles, pico de gallo, queso *cheddar* y hasta frijoles. Al parecer, esta **delicia** es originalmente una receta de un mexicano de Piedras Negras, México. Otros creen que su popularidad en Texas llega a través del estadio de béisbol Arlington. Allí se empieza a servir como **comida rápida.**

Tortillas de harina rellenas de queso, de vegetales y de algún tipo de carne, como pollo, res o camarones.

# Barbacoa

La carne a la barbacoa es una de las características más destacadas de la cocina texana. Muchos la consideran **sinónimo** de su cultura culinaria. De hecho, es la primera idea que a muchos les viene a la mente sobre la comida típica de Texas.

Debido a que tiene muchas fuentes culturales, de los pueblos indígenas, afroamericanos y angloamericanos, la barbacoa texana incluye todo tipo de carnes: res, puerco, cabrito, cordero, embutidos y aves.

Pero todas estas tradiciones tienen en común la carne, usualmente de res, y el uso del fuego lento y el humo para cocinarla.

**EN BREVE**

El que se ocupa de la barbacoa se llama *pitmaster*, el maestro del pozo.

Barbacoa en el Rancho Ryan, Texas. Aquí vemos al actor Rock Hudson y al equipo durante la filmación de la película Giant, en 1956.

## ¡Qué interesante!

**En otras regiones de Texas, condimentan la carne con especias y salsas típicas antes de colocarla al fuego. La madera se selecciona de las que hay en cada región y por sus propiedades aromáticas.**

## Vocabulario

***brisket*** nombre de un tipo de corte de res.

**jugosa** que tiene jugo.

**sinónimo** que se parecen en su significado.

**tierna** suave, blanda.

## *Brisket* de Texas

En el centro de Texas, el ***brisket*** es el corte de res tradicional para la barbacoa. Incluye el corte del pecho, la falda y el costillar de la vaca. Es una carne **tierna** y con mucho sabor. Se condimenta solo con sal y pimienta, y se cocina durante unas 12 horas o más. El resultado es una carne ennegrecida por fuera y rojiza y **jugosa** por dentro.

La barbacoa texana es famosa y para muchos es la mejor del país.

## ¿De dónde viene la palabra?

Se piensa que la palabra barbacoa proviene de *barabicu*, palabra del pueblo arawaco, habitantes del mar Caribe. Luego, pasa al inglés como *barbeque* o también *barbecue*.

## Ahumado

El ahumado es muy importante. Las maderas que más se usan son las de roble, pacano y mezquite, pero depende mucho de cada región y el gusto individual. Ya que aplicación del humo de la madera complementa el sabor de la carne, es importante seleccionar una buena madera.

## Y algo más...

**La barbacoa es también una excusa para reunirse y compartir socialmente. En Texas son famosos los eventos familiares y políticos alrededor del fuego. También, se realizan muchas competencias de barbacoa en todo el estado.**

# Chili con Carne

El chili con carne es un plato muy completo y picante.

El chili es una sopa espesa o guiso a base de tomates, chiles verdes y rojos, carne molida y especias. Se acompaña con queso y tortillas. Su sabor es tradicionalmente muy picante. Para **apaciguar** el picante también se acompaña con arroz o pan de maíz.

El chili es uno de los platos típicos de la comida Tex-Mex. El origen de este plato es un tema **controversial**. Según las opiniones, no existe en México, pero la mayoría de sus ingredientes sí, al igual que en Texas. Es muy posible que en parte viene de los colonizadores españoles que llegaron a la región.

Una vez que el guiso de chili está listo para comerse, se le puede agregar crema, frijoles, tortillas o cualquier otro ingrediente fresco al gusto.

En 1977, el chili forma parte de los **manjares** oficiales de Texas. Existen competencias culinarias de chili en todo el estado. En estas, se imparten reglas estrictas sobre la preparación. Entre las reglas se prohíbe agregarle frijoles o pasta, se acepta cualquier tipo de carne (de res, pavo o cerdo) y también combinarlas. El tiempo de cocido varía entre 3 y 4 horas.

En estas competencias se **juzga** el sabor del chili, la textura de la carne, la consistencia de la salsa, la combinación de las especias, el aroma y el color que resulta.

Las competencias de chili son muy populares en Texas. Los premios pueden ser de hasta 25,000 dólares.

## Vocabulario

**apaciguar** calmar, bajar la intensidad.

**controversial** que da lugar a opiniones opuestas o diferentes.

**juzga** que forma una opinión sobre algo o alguien.

**manjares** comidas exquisitas.

## ¡Qué interesante!

**Algunas historias cuentan que el chili aparece a la venta a finales de 1800, en los mercados locales de San Antonio por las llamadas reinas del chili.**

Chiles rojos y verdes. Uno o ambos se utilizan en la preparación del chili con carne.

## Y algo más...

**Algunas personas prefieren el chili con frijoles rojos o negros en vez de carne. Este chili se conoce como chili vegetariano. Según los expertos, el verdadero chili texano no lleva frijoles.**

# Pimiento, chile y ají

Pimiento, chile o ají son tres maneras de llamarlo. El origen de la palabra pimiento **proviene** de los conquistadores españoles. Chile, chili o ají es la manera como lo llaman desde la antigüedad los **indígenas** de América.

Más de 100 especies de este vegetal provienen originalmente de Mesoamérica y América del Sur, aunque hoy en día muchas de ellas se cultivan alrededor del mundo.

Los chiles son muy diversos en su forma, color, textura y sabor. Algunos de ellos se utilizan para hacer polvo de chile para condimentar las comidas. Los más grandes se rellenan de queso, guiso, nuez de pacana o carne de cangrejo, según la región y costumbres.

Existen chiles picantes, muy picantes y dulces. Todos tienen mucho sabor y propiedades nutritivas. Mientras más pequeño el chile es más picante.

## ¡Qué interesante!

**El chile chiltepín es un chile nativo de Texas y el chile oficial del estado. Es muy picante y favorito de la comida Tex-Mex. Se cree que es una de las especies más antiguas de chile.**

## Pica mucho o poco

Como regla general, cuanto más grande el chile, más suave, y cuanto más pequeño, ¡más **picante**! Las semillas y la capsaicina, compuesto que corre por las venas del chile, le dan su carácter feroz. Para reducir su poder, se retiran las semillas y las venas antes de cocinar.

## Jalapeño

El jalapeño debe su nombre a su ciudad de origen, Xalapa, capital del estado de Veracruz, México. Es verde y **enrojece** cuando está maduro. Es de piel muy lisa y brillante. Se agrega a las salsas y también se come relleno. Al jalapeño seco se le llama chipotle.

El jalapeño se usa en encurtidos y acompañando las comidas.

### Y algo más...

**El chile morrón es el más gordo y común alrededor del mundo. Puede ser rojo, verde o amarillo. Es dulce y de textura suave.**

### Vocabulario

**enrojece** que se vuelve de color rojo.

**indígenas** originales o propios de una región.

**picante** especia o alimento que produce irritación y sensación de calor cuando se come.

**proviene** se origina o viene de.

Para hacer chile relleno se usa el chile jalapeño o el poblano. Los chiles se asan primero y luego se rellenan, se cubren de una mezcla de huevo y harina, y se fríen.

# La fiesta vaquera

La cultura vaquera forma parte importante de la identidad de Texas. Surge de las **faenas** del campo y la ganadería. Aporta no solamente al desarrollo de la economía, sino también a su diversidad sociocultural.

La fiesta vaquera texana se celebra en ferias en todas partes del estado. Son ferias muy alegres donde hay rodeos, concursos, exhibición de ganado y caballos, música, actividades de entretenimiento, y por supuesto, sus comidas típicas.

En los rodeos los vaqueros compiten para demostrar sus destrezas y fuerza en el manejo de los animales.

## ¡Qué interesante!

**La llamada *chuck wagon* nace durante los largos viajes de los vaqueros llevando ganado de un lugar a otro, a veces desde Texas hasta Canadá. Originalmente, es una carreta de cocina que sirve para transportar comida y los utensilios.**

## Vocabulario

**crocante** que cruje cuando la mordemos.

**empanada** envuelta en harina o pan molido.

**faenas** trabajos.

**gustosa** que tiene gusto, sabor.

## Y algo más…

**Otro plato icónico es el caviar vaquero. Es una ensalada muy colorida de frijoles con aderezo de cebolla, ajo, tomate, jalapeños y especias, principalmente.**

El caviar texano es tradicional en la fiesta de año nuevo.

### Las ferias y rodeos

En las ferias y rodeos encontramos mucha comida **empanada** en una mezcla de especias, harina o pan molido y huevo, que se sumerge en aceite muy caliente. El resultado es una deliciosa masa **crocante** por fuera, que mantiene la frescura de lo que se encuentra dentro, ya sean palitos de queso, jalapeños, pollo o incluso ¡una tarta de queso con tocino!

### Milanesa texana

Como el *brisket,* la milanesa se destaca como uno de sus platos icónicos. Algunos creen que es una herencia de la inmigración alemana, con influencia de la milanesa de ternera austríaca y los gustos locales. Se diferencia en que en vez de carne de ternera usa bistec de res. Antes de comer le colocan encima una **gustosa** salsa blanca y espesa.

La milanesa texana parece ser una mezcla de costumbres culinarias de europeos y texanos.

# Tarta de pacana y kolaches

## Postre de nuez de pacana

El árbol pacano es el árbol oficial de Texas desde 1919. El nombre científico de este árbol es *Carya illinoensis*. Es un árbol enorme y **longevo.** Puede llegar a medir 30 metros (100 pies) de altura y vivir más de mil años. Restos fósiles de este árbol indican que es **autóctono** de la región y anterior a cualquier ser humano.

La pacana es el fruto del árbol. Es un tipo de nuez muy **nutritiva.** Con ella se prepara la deliciosa tarta de pacana, uno de los postres preferidos de los texanos.

La concha de la nuez pacana es lisa y ovalada.

### ¡Qué interesante!

Tarta de nuez, tarta de pecán o pay de nuez son otros de los nombres con los que se conoce la tarta de pacana. ¿Cuál te gusta más?

### Y algo más...

Desde la antigüedad, los indígenas de la región combinan la nuez de pacana con frutas, pero también con vegetales y verduras.

## Kolaches checos

El pan kolache es de origen checo. Desde el siglo XIX, se come el kolache, traído por los inmigrantes de la antigua Checoslovaquia. Desde aquel entonces, el kolache es parte de los manjares populares texanos. Además, constituye un **símbolo** de la cultura checa en Texas.

## Dulce o salado

Este delicioso pan es suave, dulce y esponjoso. Puede estar relleno de fruta, queso, vegetales o salchicha. Los más típicos son de ciruela, durazno, semilla de amapola. También los hay rellenos de fresa con requesón. Para algunas personas, es el bocadillo ideal de los viajes por autopista. Incluso, se pueden encontrar varias pastelerías a lo largo del camino.

Hay kolaches para todos los gustos y sabores. Existen festivales y competencias de kolaches en muchas partes de Texas.

La manera de preparar los kolaches es muy variada. Algunos piensan que se debe a influencias de otras culturas europeas.

### Vocabulario

**autóctono** que es originario del lugar.

**longevo** que vive por muchos años.

**nutritiva** rica en nutrientes, que alimenta.

**símbolo** es algo que representa a algo o alguien por convención social.

# Ciudades culinarias texanas

Las cocinas de las principales ciudades de Texas se caracterizan por su variedad, creatividad con un toque **cosmopolita.**

En sus ciudades, los texanos disfrutan de sus propias tradiciones culinarias y de las tendencias internacionales.

En estas cocinas, los chefs experimentan con los sabores de **influencias** culinarias nuevas y la diversidad proveniente de las influencias históricas de la región. Las más famosas son Houston, San Antonio y Austin.

## Houston

Por supuesto que la barbacoa está presente entre las delicias culinarias de Houston. Una de las maneras en que se prepara, incluye la tradición sureña con los sabores cajún y la preferencia por el cerdo. De igual manera, los cangrejos de río al vapor toman un sabor distintivo, fusión entre sabores y aromas cajún y vietnamita.

Muchos restaurantes tienen sus cocinas abiertas y se puede ver cómo preparan los platillos.

### Y algo más...

**Houston es una ciudad multicultural con una de las mejores escenas culinarias del país. Hay más de 10,000 restaurantes con representaciones de muchas partes del mundo.**

## San Antonio

La comida Tex-Mex reina en San Antonio. Uno de los lugares preferidos es el paseo por *River Walk*. Allí los restaurantes ofrecen sus mejores versiones de enchiladas, fajitas, chimichangas, chili, quesadillas, entre muchos otros. Aquí también se ofrecen variaciones de la tradicional barbacoa. San Antonio está repleto de restaurantes atendidos por chefs **emprendedores**.

Vista del paseo junto al río en San Antonio, donde se puede pasar un rato disfrutando de una buena comida.

## Austin

Dicen que la cocina en Austin va sobre ruedas y de la mano de ingeniosos chefs. Existen más de 1,000 tráileres de comida en la ciudad. Algunos restaurantes poseen su propio tráiler. En ellos se ofrece una gran variedad de platos, donde no falta la tradicional barbacoa o platillos Tex-Mex. Sin embargo, también está presente la fusión de sabores de otras regiones.

Hoy en día muchos chefs abren sus propios restaurantes en Texas. Hay escuelas culinarias que ofrecen cursos de capacitación.

### Vocabulario

**cosmopolita** que conoce o incluye culturas y costumbres de muchos países.

**emprendedores** personas que comienzan su propio negocio.

**influencias** producir efectos sobre una cosa u opinión.

# Festivales y escuelas culinarias

La diversidad de culturas que pueblan Texas hace de sus festivales de comida un festín de sabores y gustos.

El festival puertorriqueño y cubano celebra la cultura caribeña hispana con música, bailes y comidas típicas de la región. En regiones con mayor influencia checa y alemana abundan los festivales de la cerveza como el *Oktoberfest* o festivales de la salchicha como el *Wurstfest* en New Braunfels.

El gusto por el buen comer y una industria en expansión impulsa también a las escuelas donde se forman muchos chefs locales. Las escuelas de cocina acreditadas por la Federación Culinaria Americana ofrecen estudios profesionales en estas artes.

Festival de comida y vino en el parque Butler de Austin, TX.

El estado de Texas tiene 26 escuelas de cocina acreditadas por la Federación Culinaria Americana.

# Glosario

**acompañamiento** que acompaña o va junto con.

**ahumada** que se cocina con humo.

**apaciguar** calmar, bajar la intensidad.

**aromáticas** de olor muy agradable.

**autóctono** que es originario del lugar.

**barbacoa** parrilla sobre la cual se ponen alimentos para cocinar al aire libre.

***brisket*** nombre de un tipo de corte de res.

**comida rápida** comida que está lista pronto.

**controversial** que da lugar a opiniones opuestas o diferentes.

**cosmopolita** que conoce o incluye culturas y costumbres de muchos países.

**crocante** que cruje cuando la mordemos.

**culinaria** relacionada con la cocina.

**deleite** que hace sentir bien y animado.

**delicia** que tiene muy buen sabor.

**empanada** envuelta en harina o pan molido.

**emprendedores** personas que comienzan su propio negocio.

**ennegrecido** ponerse oscuro o negro.

**enrojece** que se vuelve de color rojo.

**espesor** darle densidad a un líquido.

**faenas** trabajos.

**guisos** salsa cocida con carne, pescado o vegetales y especias.

**gustosa** que tiene gusto, sabor.

**indígenas** originales o propios de una región.

**influencias** efectos sobre una cosa u opinión.

**jornadas** días.

**jugosa** que tiene jugo.

**juzga** que forma una opinión sobre algo o alguien.

**labores** trabajos.

**longevo** que vive por muchos años.

**manjares** comidas exquisitas.

**mediterráneas** que pertenecen a la región del mar Mediterráneo.

**nutritiva** rica en nutrientes, que alimenta.

**picante** especia o alimento que produce irritación y sensación de calor cuando se come.

**proviene** se origina o viene de.

**raíces** orígenes.

**sazón** sabor de los alimentos cocinados de cierta manera.

**símbolo** algo que representa a algo o alguien por convención social.

**sinónimo** que se parece a otro en su significado.

**tierna** suave, blanda.

# Índice



# Sitios web

Debido a que los enlaces de Internet cambian a menudo, Rosen Publishing ha creado una lista de los sitios Internet que tratan sobre el tema de este libro. Este sitio se actualiza con regularidad. Por favor, usa este enlace para ver la lista: **www.rosenlinks.com/ExploraTexas/Gastronomía.**